AF260115

NOTICE

HISTORIQUE

sur

OULCHY-LE-CHATEAU

par

A. LAPLACE

PARIS

IMPRIMERIE L. BAUDOIN & C°

2, Rue Christine, 2

1886

NOTICE

HISTORIQUE

sur

OULCHY-LE-CHATEAU

NOTICE

HISTORIQUE

SUR

OULCHY-LE-CHATEAU

PAR

A. LAPLACE

PARIS

IMPRIMERIE L. BAUDOIN & Cᵉ

2, Rue Christine, 2

--

1886

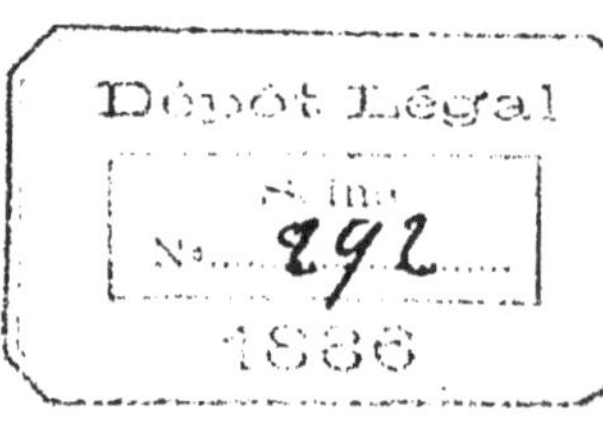

A Monsieur *BAUDOIN*

Imprimeur–Éditeur militaire, à Paris.

Monsieur et cher Compatriote,

M. Laplace, notre excellent instituteur, a fait sur Oulchy-le-Château des recherches historiques qui ont valu à leur auteur une récompense honorifique.

Ce travail m'a paru digne d'être livré à la publicité; et, depuis longtemps, je me demandais à quelle porte nous devions frapper pour le faire imprimer, quand j'eus la bonne fortune de faire votre aimable connaissance.

Dès nos premières conversations, j'ai acquis la certitude qu'Oulchy-le-Château, votre pays natal, occupait toujours une grande place dans votre cœur. De plus, j'ai constaté avec bonheur que la situation honorable à laquelle vous êtes parvenu, par votre seul mérite, n'a point affaibli en vous le souvenir de vos jeunes années. Aussi je fus bien certain de vous intéresser vivement en vous parlant d'une œuvre consacrée à l'histoire de votre pays. Et j'ai pensé, avec raison, qu'il me suffirait de vous laisser deviner mon intention de faire publier cette monographie, pour que vous mettiez, à titre gracieux, vos presses à notre disposition.

Je ne me suis point trompé; et, si aujourd'hui nous

faisons paraître quelques notes historiques sur Oulchy-le-Château, nous le devons à votre bienveillant concours.

Aussi, en vous adressant ici l'expression de ma reconnaissance, j'accomplis un devoir personnel, et je suis certain d'être l'interprète de tous vos compatriotes.

Oulchy-le-Château, le 25 juillet 1885.

L. MANICHON.

PRÉFACE

ous vivons à une époque où le besoin de s'instruire se fait généralement sentir, et où il semble que chacun cherche à élargir le champ de ses connaissances.

Le gouvernement, s'inspirant de cette tendance si légitime, cherche à répandre l'instruction dans toutes les classes de la société, convaincu que, doublée d'une bonne éducation, elle est un puissant moyen de moraliser, en ornant l'esprit et en améliorant le cœur.

S'il est une chose qu'on doit surtout connaître, c'est l'histoire de son pays. Ne semble-t-il pas, en effet, qu'on aimera davantage sa patrie, si on sait mieux de quels éléments elle est composée et au prix de quel travail elle a pu, à travers les siècles, constituer son unité? Se réjouir de sa gloire, souffrir de ses désastres, n'est-ce pas lui donner une preuve d'attachement et d'amour?

Ce qui est vrai pour la grande patrie l'est aussi pour la petite. On s'attachera d'autant plus à sa ville, à son village, qu'on en connaîtra mieux l'origine, l'histoire et les ressources. Aussi, doit-on hautement approuver M. Zeller, inspecteur d'académie à Laon, d'avoir demandé aux instituteurs du département un travail historique sur la commune que chacun d'eux habite. Tous se sont mis à l'œuvre; et, parmi les ouvrages envoyés à M. l'Inspecteur, plusieurs ont été jugés dignes d'une récompense. Celui de M. Laplace est du nombre, et nous sommes particulièrement heureux de pouvoir le livrer à la publicité, grâce au généreux appui de M. Baudoin, imprimeur-éditeur militaire à Paris.

Avant d'aborder le côté historique de son travail, M. Laplace décrit la géographie physique d'Oulchy. Il a traité, avec une grande compétence, la constitution du sol et ses diverses productions, puis, entrant dans le vif de son sujet, il a groupé et coordonné, avec beaucoup de soin, les faits historiques qu'il a puisés dans de nombreux ouvrages et sur d'intéressantes notes que M. Jeannesson, greffier de paix, a gracieusement mis à sa disposition.

M. Laplace prend Oulchy à son origine connue, c'est-à-dire à l'époque de la conquête romaine et poursuit ses recherches jusqu'à nos jours. Il donne ensuite quelques détails sur le vieux château féodal dont il reste à peine quelques ruines.

Il fait aussi une excellente description de notre belle église du XIᵉ siècle, puis passe en revue les principaux faits relatifs à l'Hôtel-Dieu et à la Grand'Maison.

M. Laplace n'a point la prétention d'avoir fait une histoire complète d'Oulchy-le-Château, son travail a des proportions plus modestes. Tel qu'il est, cependant, il aura son utilité, et intéressera certainement les personnes qui aiment à s'occuper d'histoire locale.

L. M.

I

GÉOGRAPHIE PHYSIQUE

OULCHY-LE-CHATEAU, chef-lieu de canton de l'arrondissement de Soissons, bâti sur le versant d'une colline, à 65 kilomètres au sud de Laon, et à 21 kilomètres de Soissons, est situé par 49° 2' 12" de latitude nord, et 1° 2' 5" de longitude est.

Son territoire, d'une étendue superficielle de 934 hectares 69 ares 45 centiares, d'après le cadastre, est limité au nord, par la commune de Rozoy-le-Grand, à l'est, par celles de Cugny et d'Armentières, au sud, par Breny et par Armentières, et à l'ouest, par Oulchy-la-Ville et le Plessier-Hulen.

La surface occupée par les constructions, les rues, les chemins, etc., est de 28 hectares 40 ares 25 centiares. La superficie du terroir proprement dit se réduit donc à 906 hectares 29 ares et 20 centiares.

D'après le plan cadastral, le terroir se divise en quatre parties : la section A, dite de la Baillette, se composant surtout de terres labourables, de bois et de savarts; la section B, ou de Vauxriot, formée de bois et de terres cultivables; la section C, ou d'Oulchy-le-Château, occupée par les habitations de la commune, leurs jardins, des terres cultivables, des prés, des aulnaies et des savarts; enfin la section D, ne comprenant presque exclusivement que des terres labourables.

Il n'existe pas de hameaux, ni de fermes isolées, mais on peut citer l'ancien faubourg Saint-Jacques, attenant à la commune, et une habitation distante de 1500 mètres dénommée sur le plan cadastral : la justice de Breny ou les boves du Beau-Moulin, ainsi que l'ancien moulin dit de Chativel.

Les principaux lieux dits sont :

Le fond de Mouillère, — le fond de Bayard, — le bois des Huttes, — entre les deux Oulchy, — le Chauffour, — le fossé des Croix-Blanches, — le chemin de Reims, — le pont de l'Homme-Mort, — les poncelets, — la fontaine de Champdailly ou Chaudailly, — la fontaine des Fièvres, — le Fourgon, — les Coutures, — le Glo-d'Eau, — la Grange-aux-Oisons, — le clos Charlotin ou le fond de la mère Arnould, — la Fontaine-Orgueilleuse, — le pont Bernard, — la Haute-Borne, — la croix Saint-Nicolas, — le dessous des Justices, — les Justices, — le Paradis, — la Maladrerie, — les Longues-Raies, — le Grand-Frémont, — le bochet de Bisselet, — Poupelaine, — les Canaux, — la fontaine des Menses, — Vaurenard, — Vauxriot ou les Grosses-Mottes, — la Terre-à-l'Or, — la Fournelle, le vivier Maillard, etc.

NOMS SUCCESSIFS QU'A PORTÉS LA COMMUNE.

Ulciacum ou Ulceiam castellum ou encore Ulcheium castrum, — Ouchie (1444), — Auchy-le-Chastel, Ochy-le-Châtel, Oulchy-le-Châtel, Oulchy-la-Montagne (1793), —

Oulchy-le-Château. Bon nombre d'historiens font dériver le nom d'Oulchy, de Urcum (Ourcq); Oulchy, en effet, a été pendant longtemps la capitale de l'Orxois (Orceois, Ourcois, Ourquoi, Ausois, Orchois, Aussoys, Auxois).

Oulchy était autrefois le chef-lieu d'une châtellenie, avec prévôté royale. Cette dernière a été remplacée par un bailliage qui a duré jusqu'en 1703. La prévôté a été rétablie en 1758; elle ressortissait d'abord à Villers-Cotterêts, puis à Soissons à partir de 1780. Oulchy était aussi le chef-lieu d'un doyenné royal; en 1790, il fut également le chef-lieu d'un canton du district de Soissons.

RELIEF DU SOL. — PLATEAUX ET PLAINES.

Le territoire n'est sillonné que par de légères ondulations qui atteignent, cependant, à l'ancien moulin de la Baillette, une hauteur de 169 mètres. Le bourg est bâti dans la vallée creusée par le ru d'Oulchy, affluent de l'Ourcq. Un assez vaste plateau s'étend entre Oulchy et Armentières. Une plaine légèrement ondulée occupe également l'espace situé entre Oulchy-le-Château et Oulchy-la-Ville.

MÉTÉOROLOGIE.

Oulchy appartient au climat séquanien et à celui plus spécialement dénommé : climat des plaines du nord.

Les vents dominants sont ceux de l'ouest, du sud-ouest et du nord-est. Les vents pluvieux nous arrivent du sud et surtout de l'ouest.

La température moyenne y est de 10°; la moyenne d'été de 18° et celle d'hiver de 3 à 4°.

Il y tombe annuellement 0^m,40 à 0^m,50 de pluie. La moyenne des jours de pluie est de 100, celle des jours de brouillard de 50, celle des jours de gelée de 30 à 40, celle des jours de neige de 15 à 20, et celle des jours d'orage et de tempête de 20 à 30.

GÉOLOGIE.

Le territoire d'Oulchy-le-Château fait partie du terrain tertiaire inférieur ou éocène.

Il est établi sur le calcaire grossier supérieur creusé par le ru de Chauday ou Chaudailly et Champdailly.

Au sud-est et au nord-ouest se trouvent des collines de sable de Beauchamp terminées par le calcaire lacustre de Saint-Ouen.

Le calcaire grossier est surmonté d'une couche épaisse d'alluvions anciennes, surtout entre Oulchy et Rosoy.

On peut étudier le calcaire grossier supérieur dans une petite carrière près du pont Bernard, c'est-à-dire à l'endroit où l'ancienne route d'Oulchy à Château-Thierry traverse l'Ourcq. Cette coupe montre une alternance de marnes, calcaire à cérithes, calcaire lacustre avec lymnées, planorbes, paludines.

Au-dessus d'Oulchy, contre les dernières maisons du bourg, le calcaire grossier supérieur renferme de belles géodes de quartz hyalin.

HYDROGRAPHIE.

La rivière d'Ourcq, quoique ayant probablement donné son nom à Oulchy, n'arrose aucune partie de cette commune.

Un de ses affluents, le ru de Chaudailly (ru de Chauday sur la carte du dépôt de la guerre) prend sa source sur le terroir de la commune, à l'est ; reçoit le ruisseau de Rosoy, traverse la commune, prend alors le nom de ru d'Oulchy, et va se jeter dans l'Ourcq près du hameau de Bisselet, après un parcours d'environ 5 kilomètres.

BOIS.

Les bois occupent une superficie de 53 hectares 70 ares.

Les essences dominantes sont : le chêne, le charme, le frêne, l'orme, l'aune, le bouleau, le coudrier, le peuplier suisse et le peuplier régénéré.

Anciennement le châtaignier dominait dans nos forêts, du moins il est permis de le croire, d'après la quantité de charpentes de ce bois qui existent encore dans nos vieilles constructions ; on croit assez généralement que de très grands hivers, notamment celui de 1709, en ont détruit l'espèce dans nos contrées.

FAUNE ET FLORE.

La faune et la flore communales ne présentent rien de particulier. Les animaux et les plantes qu'on trouve dans la commune sont ceux du Soissonnais.

CHIFFRE DE LA POPULATION.

La population d'Oulchy est de 704 habitants ; elle était en 1760 de 100 feux ; en 1789, de 105 feux ; en 1800, de 489 habitants ; en 1818 de 515 habitants ; en 1836 de 706 habitants ; en 1856 de 705 habitants ; et en 1876 de 703. Elle est aujourd'hui inférieure au chiffre constaté par le recensement de 1881.

Les habitants d'Oulchy-le-Château, adonnés pour la plupart aux travaux agricoles, vivant de la vie si pure et si salubre des champs, se trouvent dans les conditions hygiéniques les plus favorables. Ils sont généralement petits, mais trapus et doués d'une constitution des plus robustes. Aussi les maladies et, plus encore, les épidémies sont-elles rares dans la localité.

Les conseils de revision constatent également fort peu de cas de réforme parmi les jeunes gens qui sont appelés à satisfaire à la loi du recrutement.

Les causes de mortalité inhérentes à la vie agitée des

villes et au séjour pernicieux des usines n'existent donc
pas à Oulchy et la durée moyenne de la vie humaine y
varie de 60 à 65 ans.

MŒURS. — CARACTÈRE DES HABITANTS.

Oulchy-le-Château est situé à 20 kilomètres de tout
centre important, et jusqu'à présent, il a été privé d'une
voie ferrée. Il résulte de cet isolement que les mœurs et
les habitudes y ont conservé un cachet de couleur locale
qui abrite, sous des formes simples et un peu rustiques,
des qualités solides.

On est généralement sobre et travailleur à Oulchy.
L'esprit d'épargne est encore assez répandu dans la classe
ouvrière et c'est à peine si l'alcoolisme, ce nouveau phyl-
loxera social, commence à y laisser apparaître quelques
taches.

Oulchy-le-Château est avant tout un centre agricole, et
à part le magnifique établissement de béliers mérinos fondé
depuis près d'un siècle par la famille Conseil, on n'y rencontre aucune industrie.

L'habitant d'Oulchy est froid au premier abord, très
réfléchi et ne se livrant qu'à bon escient ; mais ces appa-
rences cachent un bon cœur et un bon esprit d'ordre et
généreux à la fois.

Le trait le plus caractéristique de la population d'Oulchy
est l'esprit de stabilité, qualité bien rare à l'époque où
nous vivons. Quelques exemples suffiront pour faire
ressortir cette particularité vraiment remarquable du
tempérament d'Oulchy. Ainsi, la compagnie des sapeurs-
pompiers existe depuis 56 ans, *sans interruption*, et le lieutenant Breffort-Conseil la commande depuis 33 ans.

Les compagnies de jeu d'arc et d'arbalète, fondées il y a
plus de 60 ans, ont, à leur tête, de père en fils, les mêmes
chefs (Belval Dominique pour le jeu d'arc ; Alphonse
Déjardin pour le jeu d'arbalète).

La fanfare, fondée en 1863 par M. l'abbé Lefèvre, curé-doyen, a conservé depuis 1872 le même directeur, M. Priolet-Bénard, et le même président, M. Manichon.

Le garde champêtre actuel, M. Cottret, est en fonctions depuis près de 50 ans.

Un dernier exemple prouvera combien on est calme et stable à Oulchy. M. Quinquet de Monjour a été maire de cette localité de 1848 à 1880, c'est-à-dire pendant 32 ans, presque jusqu'à sa mort ; il a résisté à bien des changements de gouvernements. Son père et son grand-père ont aussi rempli diverses fonctions de 1754 à 1831.

Un fait encore digne de remarque est le suivant : actuellement, presque tous les fonctionnaires sont des enfants d'Oulchy. Je citerai M. Belval, juge de paix ; M. Gauderon receveur d'enregistrement ; M. Ducrocq-Gardet, agent-voyer ; M. Cottret, huissier ; M. Jeannesson, greffier de paix, etc.

II

GÉOGRAPHIE HISTORIQUE

OULCHY-LE-CHATEAU existe depuis une très haute antiquité ; on prétend qu'il était un des douze oppides qui entouraient Soissons. Après la conquête romaine, un atelier monétaire fut créé à Oulchy. On connaît des sous d'Oulchy, *Solidos. Ulcheii.* M. Quinquet de Monjour possède diverses mesures anciennes d'Oulchy.

PASSAGE D'ATTILA.

L'abbé Daras, dans son *Histoire générale de l'Église* (1871), tome XV, s'exprime ainsi sur ce fait :

« De Trèves, une route facile, longeant la Meuse, tantôt à droite, tantôt à gauche, conduisait à Metz. Les Huns arrivèrent à cette dernière ville, selon le témoignage de Grégoire de Tours, la veille de Pâques, VII des calendes d'avril (26 mars) et la saccagèrent. Abandonnant les ruines de Metz, Attila se dirigea vers l'ouest, ainsi que cela résulte d'une vie manuscrite de saint Édibius, évêque de Soissons. On y lit les paroles suivantes : « *Igitur cum hic* « *Attila, exercitu præmissa ad urbes Rhemensium et Tre-* « *censium, imperante Marciano regnanteque super Francos* « *Meroveo, per Ulcheium* (Oulchy) *et Cungiacum* (Cugny- « *lès-Oulchy), oppida transiret, misus partem exercitus*

« *sui ut Suessionem everterct, alium secum tenuit, tertiam*
« *partem ad Castrum Theodorici* (Château-Thierry) *subver-*
« *tendum destinavit.* »

« Attila se tint donc de sa personne entre Soissons et
Château-Thierry, menaçant à la fois l'un et l'autre point.
Edibius, évêque de Soissons, obtint par ses prières et par
l'intercession des saints Crépin et Crépinien le salut de sa
ville épiscopale. Attila rappela les troupes qu'il y avait
envoyées. Cette aile de l'armée des Huns est la même que
celle qui fit trembler la ville de Lutèce et dont l'inter-
vention de sainte Geneviève délivra les Parisii. Avec les
hordes restées près de lui, Attila se dirigea sur Troyes et
ce fut là sans doute que les troupes qu'il avait laissées
à Reims vinrent, sur son ordre, le rejoindre. »

AUTRES ÉVÉNEMENTS REMARQUABLES.

Au Xe siècle, Thibaut Ier, comte de Champagne, bâtit
le château d'Oulchy.

Au XIIe siècle, une maison de Templiers y fut fondée.

En 1304, Philippe-le-Bel, s'apprêtant à porter la guerre
en Flandre, indiqua Oulchy comme lieu de rendez-vous
aux hommes d'armes de la région. Il ordonna : « *que cha-*
qun selon son estat et condicion, fust à Ouchie au ieudi
devant la prochaine feste de la nativité sainct Jehan-Bap-
tiste, en chevaux et armes, pour aller de là outre avec sa
maiesté ès-parties de Flandre. »

Oulchy fut détruit en plusieurs fois pendant la guerre
de Cent ans, et surtout en 1415 et en 1431.

L'abbé Carlier, dans son *Histoire du Valois*, dit : « Le
château d'Oulchy fut entièrement détruit ; on ne rebâtit ni
la ville, ni le château ; les familles qui revinrent après les
troubles aimèrent mieux rebâtir la principale rue du
bourg. » M. de Vertus, dans son *Histoire de Coincy* et lieux
voisins, conteste ce fait.

En 1498, l'église fut, par une autorisation de Louis XII, réparée avec les débris du château ruiné.

Les huguenots pillèrent Oulchy en 1567. Ils s'attaquaient surtout aux châteaux et aux maisons de ceux qu'ils savaient être au service du roi, et se faisaient payer les fermages par les laboureurs ou leur enlevaient leurs bestiaux. (De Vertus. — *Histoire de Coincy*.)

Suivant une mention énoncée aux registres des baptèmes, Henri IV est passé à Oulchy en 1606 le 1er mars, et a logé au prieuré.

Selon les mêmes registres, le 30 mai 1612, il y eut une telle inondation à Oulchy, que l'eau entrait par les fenêtres des maisons de la petite rue. L'eau, dans les prés, montait jusqu'aux branches des saules.

Le 19 avril 1617, plusieurs habitants de Vauxbuin viennent se réfugier à « Ouchie », à cause du siège de Soissons.

D'après la version de quelques vieillards de la localité, un engagement sérieux devait se livrer après la bataille de Laon (1814) sur le territoire de la commune, lieudit le *pont Bernard*, entre les Prussiens et les troupes du duc de Raguse. Un contre-ordre empêcha l'action d'avoir lieu.

PERSONNAGES CÉLÈBRES AUXQUELS LA COMMUNE

A DONNÉ NAISSANCE,

QUI L'ONT HABITÉE, OU QUI Y ONT ÉTÉ INHUMÉS.

Oulchy-le-Château est la patrie de Gaultier d'Oulchy, abbé de Longpont en 1201, et de Pierre Petit, chirurgien distingué, né vers le milieu du XVIIe siècle.

Saint Arnould, évêque de Soissons, fut exilé à Oulchy, qui devint pendant quelque temps le siège de l'évêché.

La Fontaine, l'immortel fabuliste, était propriétaire à Oulchy-le-Château. La ferme de l'hospice, avec 60 arpents de terre, lui appartint. Il vendit cet héritage à M. François Desmazures, conseiller du roi à Oulchy, suivant contrat en date du 27 août 1653, en s'obligeant à faire ratifier l'acte par sa femme, Marie Héricart.

C'est peut-être à cette époque qu'il a composé les vers que tout le monde sait.

> Jean s'en alla comme il était venu,
> Mangeant son bien avec son revenu.

Cette propriété fut achetée l'année suivante, c'est-à-dire le 4 septembre 1654, par Madame de la Mothe-Houdencourt, supérieure des religieuses cordelières d'Oulchy, et elle est encore en la possession de l'hospice.

Madame de La Fontaine était fille de Louis Héricart, conseiller du roi à la Ferté-Milon, et de Agnès Petit.

Leur contrat de mariage, passé devant Me François Thierry, notaire à la Ferté, le 11 novembre 1647, se trouve encore en l'étude de son successeur actuel. Marie Héricart eut de son aïeul, ainsi que de sa mère, une dot de 30,000 livres. La Fontaine reçut de son père, Charles de La Fontaine, la charge de maître particulier des eaux et forêts de Château-Thierry, plus une somme de 10,000 livres.

Belle, spirituelle, lettrée, mais froide, Marie Héricart aimait les vers et s'adonnait beaucoup trop à la lecture des romans.

Racine résida quelque temps à Oulchy. Le prieuré de ce bourg eut même une influence considérable sur sa vocation.

Ayant contracté des dettes pour achever ses études, le jeune Racine ne vit pas d'autre moyen pour les payer que de se faire clerc et d'obtenir un bénéfice.

Il ne réussit pas chez son oncle d'Uzès, où il se préparait à recevoir la tonsure, il demanda alors Oulchy ; mais, pour cela, il fallait porter l'habit blanc des religieux de Saint-Jean-des-Vignes, ce qui déplaisait au jeune Racine, tout de noir habillé chez son oncle d'Uzès, et si content de son habit noir qu'il se comparait à un bourgeois.

Après bien des démarches de son cousin Vitart auprès

de M. Thomas, prieur d'Oulchy et oncle de Racine, il ne put obtenir son prieuré.

Il en fut désespéré et demeura quelque temps sans pouvoir faire de vers ni en lire. Enfin, il se mit à composer les *Frères ennemis*, et vint présenter cette pièce à Paris. On sait le reste.

Il est fort probable que si Racine avait obtenu le prieuré d'Oulchy, ses chefs-d'œuvre n'eussent jamais existé. (*Lettres de Racine*, — mai, juin, juillet 1662. — *Registres des baptêmes d'Oulchy. — Notice sur Coincy et lieux voisins*, par M. de Vertus.)

En consultant les registres de baptêmes et de décès d'Oulchy, on voit que :

François Rousseau, écuyer, conseiller du roi, ancien procureur du bailliage d'Oulchy, a été inhumé dans l'église en 1682 ;

Claude Charton, conseiller du roi et procureur de l'élection de Soissons, a été inhumé en 1685 ;

François Desmazures, conseiller du roi, lieutenant civil, enquêteur examinateur des bailliage et châtellenie d'Oulchy, a été enterré en 1685 ;

Jacques Bachelier, seigneur de Boinuelle, conseiller du roi et du duc d'Orléans et de Valois, contrôleur général des argenterie et écuries de ce dernier, a été inhumé en 1693 ;

Dame Marie Thérèse Le Rozier, épouse de Nicolas de Héricourt, écuyer et seigneur de Sancy, a été inhumée en 1699 ;

François Levasseur, bachelier en théologie de la faculté de Paris, prieur d'Oulchy, a été inhumé en 1700 ;

Nicolas de Héricourt, écuyer, a été enterré en 1720 ;

Jean des Essars, de Migneux, de Brimeux, seigneur du Beau-Moulin et de la Grange-aux-Oisons, a été enterré en 1736 ; il était marié en premières noces avec une demoiselle de Héricourt, remariée à M. du Joy de Rosoy ;

Louis Rousseau, chapelain de l'Hôtel-Dieu, a été enterré en 1736 ;

M. de Chassebras, savant archéologue, seigneur de la Grand'Maison, a été enterré dans la chapelle des religieuses cordelières.

Il existait aussi à Oulchy une famille Dubarry, parente, assure-t-on, de la trop fameuse favorite.

L'abbé Manesse était vicaire d'Oulchy un peu avant la Révolution ; nommé ensuite curé de Branges, il fut obligé de s'exiler en Allemagne. Rentré dans sa patrie, il alla mourir à Soupir. C'était un ornithologue d'assez grande valeur. Il possédait une très belle collection d'œufs d'oiseaux, qui a dû passer en la possession de M. Drouyn de Lhuys.

Depuis le commencement de ce siècle, Oulchy a donné naissance à quatre ecclésiastiques, savoir :

M. Jean-Baptiste Millon, curé de Trucy ;

M. Louis-Martin Jeannesson, décédé curé-doyen de Viels-Maison, et auquel son compatriote et ami d'enfance, M. Mayeux, conservateur des collections et objets d'art de la Société archéologique de Château-Thierry, a consacré une notice biographique.

M. Pêcheur, curé de Crouy, savant secrétaire de la société archéologique de Soissons, auteur des *Annales du diocèse de Soissons* et d'autres nombreux ouvrages très appréciés.

N'oublions pas non plus ici un homme remarquable, M. Louis Vallerand, de Moufflaye, qui fit ses études au petit séminaire d'Oulchy et y passa une partie de son enfance sous la direction de M. Hurillon, doyen du canton et directeur de cet établissement.

M. Vallerand était l'un des agriculteurs les plus distingués du Soissonnais : lauréat de la prime d'honneur au concours régional de 1859, chevalier de la Légion d'honneur, président du comice de Soissons, vice-président de la société des agriculteurs de France, et maire de Saint-Christophe.

Il est l'inventeur d'une charrue qui est un des meilleurs

instruments de la culture, et la Société nationale d'agriculture allait consacrer par une de ses plus hautes récompenses les services qu'il a rendus, quand il est mort presque subitement en revenant de Soissons, le 11 juin 1883.

PIERRES, ROCHES ET GROTTES
CONSACRÉES PAR UNE CROYANCE POPULAIRE.

Il n'existe sur le territoire de la commune que des *creuttes* ou *bores* qui sont probablement le berceau d'Oulchy, dans les temps préhistoriques. Ces souterrains, creusés sans peine dans le calcaire grossier, servaient d'asiles aux hommes et aux animaux domestiques à la fois. Quand la civilisation et les bienfaits de la paix permirent à l'homme de se bâtir une demeure au soleil, en pleins champs, ces grottes servirent à l'usage d'étables, de bergeries ou de celliers, comme on le voit de nos jours, d'où leurs noms de *boves* ou *bovettes* relativement modernes.

Ces grottes existent en grand nombre dans le canton d'Oulchy et sur les rives de l'Ourcq ; elles pouvaient abriter de nombreuses familles. M. Watelet, de Soissons, prétend que les *bores du Beau-Moulin* ont été habitées par des tribus troglodytes. Le regretté M. Fleury, de Vorges, dit dans son étude sur les villages souterrains de l'Aisne que « l'on devrait compter parmi les noms à signification troglodyte, notamment Oulches, Oulchy-le-Château, Oulchy-la-Ville et Cugny-lès-Crouttes. »

La pierre lieudit : « la haute Borne », aurait d'après la tradition une origine celtique.

FOUILLES ET OBJETS QU'ELLES ONT FAIT DÉCOUVRIR.

M. de Chassebras, seigneur de la Grand'Maison-lès-Auchy et grand érudit, a fait pratiquer des fouilles près de l'ancienne chapelle Saint-Nicolas, d'Oulchy. Voici l'extrait d'une lettre qu'il adressait au *Journal des Savants* (numéro du 11 août 1692).

« Fouilles faites à la Maladrerie, lieu dit Saint-Nicolas.

« Il y a quelques années qu'en faisant fouiller des terres
« dans ma seigneurie de la Grand'Maison, en Valois, je
« trouvai, à 7 ou 8 pieds de profondeur, près la chapelle
« Saint-Nicolas, qui est l'ancienne du château, des os et
« des restes de morts avec de petits pots emplis de charbon
« qui, quoique cassez par les coups de pioche que les
« manœuvres avoient donnez, ne laissent pas de faire
« voir la figure qu'ils avoient. Je fis ramasser les tessons,
« qui se peuvent rejoindre, et que je garde dans mon
« cabinet avec quelques-uns des mesmes charbons.

« Ces pots sont de terre cuite fort mince, de la grosseur
« d'un pain, de la figure de nos pots de gelée, mais bien
« plus hauts, avec un couvercle de pareille terre cuite,
« qui s'emboête dans l'ouverture, et qui est persée dans
« le milieu du bouton. Ils sont rayez de rouge assez rusti-
« quement et sans simmétrie, et percez de 6 à 7 petits
« trous par les cotez. Ce qui m'a fait croire que comme
« les anciens payens mettaient des lampes inextinguibles
« dans les sépulchres, les chrétiens ont pu mettre dans les
« cercueils de ces petits pots remplis de charbons allumez
« avec des parfums, en forme de cassolettes, etc. »

L'abbé Carlier dans son *Histoire du Valois*, dit en outre :
« Vers le milieu du XVIIIe siècle, des fouilles faites sur
« le territoire d'Oulchy-le-Château, lieu dit le bois d'Ayot,
« sur la route de Soissons à Château-Thierry, mirent à
« découvert des tombes dans lesquelles on trouva des
« pièces de monnaie altérées par la rouille, ainsi que des
« boutons semblables à des grains de chapelet, taillés à
« facettes comme des diamants. Plusieurs savants, qui
« ont examiné ces monnaies, ont cru y trouver quelques
« restes de têtes qui se reportaient au temps où les Francs
« chassèrent les Romains des Gaules. Ces boutons étaient
« semblables à ceux que les Romains appelaient *fibulæ*,
« lesquels servaient à attacher leurs habits au-dessous
« du cou. »

VOIES ROMAINES.

L'ancien pays d'Orceois, dont Oulchy était la capitale, se trouvait traversé du nord au sud, dans toute sa longueur, par une grande chaussée romaine, dont il reste encore de fortes traces, et qui conduisait de Soissons à Château-Thierry.

Cette voie, qui a pu être originairement gauloise, a été remplacée par la route nationale, qui suit encore dans beaucoup d'endroits la même direction.

Environ l'an XX avant Jésus-Christ, Agrippa, qui contribua beaucoup à la rénovation de la Gaule, fit construire une chaussée devant relier l'Italie (Milan) avec le détroit gallique (Boulogne).

De cette route stratégique se détachait à Fismes une ramification qui, traversant Mareuil-en-Dôle, bordait Fère et Arcy ; arrivée à 2 kilomètres en avant du hameau de Wallée, elle se divisait en deux branches, l'une au nord de la butte de Chalmont, rejoignait Villeparisis par Breny, La Croix, Triangue, Gandelu, Lizy et Villeroy. Ce chemin est appelé *chemin de Reims* et *chemin du sacre*. C'était ordinairement celui que prenaient les premiers rois de France pour aller se faire sacrer à Reims. Une partie des troupes de Louis XVI le suivit, lors du sacre de ce roi à Reims, en 1776. Il y passait autrefois un coche qui faisait le service de Paris à Reims. Cet ancien chemin militaire n'est plus fréquenté.

Quant à l'autre branche, de son point de départ nord-ouest de la butte de Chalmont, elle suit un peu le ruisseau de Champdailly (champ d'Ailly-Chauday-Chaudailly), coupe à 1 kilomètre au nord d'Oulchy-le-Château la route n° 37, ensuite la route romaine de l'Aisne à la Marne, rencontre Oulchy-la-Ville, Pringy, où était un établissement romain, traverse l'Ourcq à 1 kilomètre de Neuilly, passe par Marizy, Préciamont, Crépy, Estrées-Saint-Denis, Montdidier, et touche la Flandre.

L'ANCIEN CHATEAU.

L'emplacement du château ne se trouve point dans la vallée de l'Ourcq, à proprement parler, mais dans un repli, au confluent du ruisseau venant de Grand-Rozoy et débouchant à Breny, après avoir reçu les eaux de deux petits affluents.

La position du château d'Oulchy, qui commandait la grande chaussée romaine allant de Soissons à Château-Thierry, lui donnait une certaine importance. La surface totale du château occupe environ 4 hectares, en y comprenant les fossés; sa forme était en partie elliptique, un peu arrondie à l'est.

Le front de défense des fortifications, face au sud, se composait d'une haute muraille bâtie à pic sur la roche et flanquée de tours se reliant entre elles à des distances inégales. Les tours qui apparaissent encore ont perdu leur parement en grès. A l'angle sud-ouest, et dominant tout l'ensemble de sa masse, s'élevait une haute tour carrée appelée le *Donjon*, qui se voyait encore en 1812, époque où elle fut démolie; les matériaux furent employés à la construction de plusieurs maisons du bourg.

Cette tour féodale, d'où dépendaient une foule de fiefs, étendait sa juridiction sur un grand nombre de vassaux du Valois, du Tardenois et du comté de Soissons jusqu'à Braine. Les baronnies de Givray et Arcy, une partie de celle de Cramaille, la vicomté de Buzancy, les terres de Limé, Passy, Grand-Rozoy en dépendaient. Elle possédait un auditoire et une prison.

Comme preuve de la solidité de ces murailles, on cite ce fait : il y a quelque soixante ans, un pan de mur long de 15 mètres sur 2 mètres d'épaisseur, glissant de la roche qui le supportait, descendit en un seul bloc d'une hauteur de 5 ou 6 mètres, gardant à peu près sa position verticale, sans qu'il s'en détachât une seule pierre. Un orme d'une bonne grosseur, enraciné dans la muraille, se maintint encore debout pendant de longues années, sans que le robuste végétal parût souffrir de sa nouvelle position.

Le côté de l'est du château est celui où il reste le moins de traces des anciennes fortifications; plus de tours, que des ruines. De simples murs de clôture le séparent des fossés, comblés en majeure partie.

Il existait de ce côté, à 50 mètres des murailles et en contre-bas, un enclos de vignes appelé *Vigne de M. le prieur*, situé à mi-côte, avec exposition au midi. On y communiquait des jardins du château par un pont jeté sur les fossés. Des anciens d'Oulchy peuvent avoir vu ce passage, ainsi que plusieurs fausses portes ou arcades, également disparues.

A part l'église, qui date du XIe siècle et qui mérite une mention spéciale, il n'y a rien de bien remarquable dans les constructions que l'on voit encore existantes sur la plate-forme du vieux château. Elles sont relativement modernes et datent du XVIIe siècle; depuis de longues années, on donne à leur ensemble le nom de *Prieuré*.

C'est un vaste bâtiment, ayant sa façade à l'ouest, perpendiculaire à l'église qu'il joint, avec deux perrons en pierre à deux révolutions, veufs de leurs rampes.

Le principal accès du château, pour ne pas dire l'unique, se trouvait au nord, à la suite d'une avenue plantée, il y a quelques années encore, d'ormes séculaires et connue sous le nom d'*Allée du prieuré*.

La porte du château, avec pont-levis, autant qu'on peut en juger d'après la construction de l'arche actuelle, qui sert de passage, était défendue par deux tours, dont l'une, à gauche, avec meurtrière, bien conservée, sert d'asile de nuit aux voyageurs indigents. L'autre tour, côté ouest, a disparu entièrement, ainsi que l'ensemble des murs et des tours qui dominaient le bourg. Les matériaux ont servi à élever, sur l'emplacement des ruines, des habitations avec jardins et terrasses, servant comme de contreforts à la masse restée debout. Il est probable que si des fouilles étaient pratiquées dans les flancs de ces ruines, sur le côté ouest, on découvrirait l'entrée d'anciennes creuttes qui, sans doute, s'enfonçaient sous le château, comme les vastes boves qui se voient encore en face dans la plupart des maisons et dans les fermes de la rue principale, où elles servent de bergeries.

Sur la place du château, vaste terrasse de forme rectangulaire, ombragée à l'ouest par une magnifique allée de tilleuls plus que séculaires, se trouvait à gauche et au milieu la porte principale du prieuré, donnant accès dans la cour d'honneur; elle était flanquée de deux immenses granges, servant à recueillir les dîmes du prieur. Ces granges ont été démolies il y a plus d'un siècle, ainsi qu'un grand colombier féodal, dominant la basse-cour.

Chacune des deux entrées du grand corps de logis de face, ornée d'un fronton, est surmontée d'un attique que soutiennent des colonnes doubles en pierre, avec ornements sculptés, vignes et lierres enroulés autour. Ces ornements datent de la Renaissance et sont fort appréciés des connaisseurs. On remarque, à gauche, un soleil rayonnant au milieu du fronton, et à droite, de chaque côté des chapiteaux, les lettres D. A. Y. E. entrelacées. Il est probable que ces lettres sont les initiales du prieur à l'époque de la restauration de cette façade. C'est ainsi qu'à la rampe en fer du grand escalier à l'intérieur, on voit entrelacées les lettres F. R. B. Il y a lieu de supposer que cet escalier a été construit alors que M. François-René Baudoin (décédé le 3 avril 1785) était prieur d'Oulchy.

A cette façade principale et faisant retour se rattache, à gauche, un bâtiment secondaire servant de communs.

La façade de ce grand bâtiment, du côté de l'est, est dépourvue d'ornements; un simple attique surmonte la porte du milieu qui communique avec un vaste jardin dominant la campagne au sud et à l'est. Au nord, deux terrasses en gradins donnent accès, à travers les ombrages d'un bosquet verdoyant, à une ruine massive formant le point culminant du château, qui a conservé le nom de *donjon*. Il ne reste plus de cette masse qu'un grand enfoncement cintré en forme de niche, mesurant 3 mètres de haut, en pierres de taille et en bon état de conservation. Depuis l'installation d'un petit séminaire dans l'ancien prieuré, c'est-à-dire depuis 1818, une grande madone moderne, en plâtre, occupe la place laissée vide, depuis longtemps sans doute, au sommet de ces ruines. On se perd en conjectures sur la destination de cette espèce de belvédère. Il est vrai que de ce point dominant l'observateur, dont l'horizon s'étend depuis Fère, Saponay, Cramaille et Grand-Rosoy jusqu'au Plessier, peut surveiller des deux côtés la grand'-route de Soissons, ainsi que le chemin de Reims à Paris, dont il est parlé plus haut.

Du côté nord se voient encore des fossés comblés en partie, qui séparaient le château du *faubourg Saint-Jacques*. On appelait ainsi un petit nombre de maisons qui se sont groupées autour d'une habitation digne d'être mentionnée, celle de M. Petit, ancien maire d'Oulchy. On y arrivait par une belle allée d arbres ; une vaste cour en avant du corps de logis, faisant face à l'entrée, a été transformée en cour de ferme avec bâtiments d'exploitation ; il y avait aussi un grand enclos avec grille en fer à chaque entrée ; tout cela, dont on voyait encore les beaux restes il y a plus d'un demi-siècle, a disparu en partie, disloqué, démembré. La tradition rapporte que cette maison reçut les restes mortels de Marie de Médicis, ramenée de Cologne en France. (3 juillet 1642).

(D'après un rapport fait par M. Mayeux, membre de la Société historique et archéologique de Château-Thierry. — Séance du 3 août 1880).

ÉGLISE.

La commune d'Oulchy-le-Château possède une église

dédiée à la vierge Marie; le patron se célèbre le 15 août, et la fête patronale a lieu le 3º dimanche de septembre.

L'église est un beau monument du moyen âge, de style roman, le plus vaste du pays, en forme de croix latine, de 27 mètres de longueur à l'intérieur et de 11 mètres de largeur au transept.

Le chœur et le transept, du XIIᵉ siècle, comprennent cinq grandes travées de voûtes ; le sanctuaire, carré, est percé à l'orient de trois fenêtres, à plein cintre, surmontées d'une rosace à quatre lobes, et, des deux autres côtés, de larges fenêtres qui datent du XVᵉ siècle. Les groupes de colonnes et colonnettes sur lesquelles viennent retomber les fortes nervures des voûtes, sont remarquables par leurs chapiteaux composés de fruits, de feuilles déchiquetées et bien fouillées. Celui qui est à l'angle du chœur et du bras gauche du transept a les siens formés de monstres, d'oiseaux et de lions affrontés. L'arc triomphal est formé d'une belle ogive bordée d'une bande de feuillages, de palmettes et de rinceaux.

La nef, du XIᵉ siècle, est séparée des bas-côtés par trois gros piliers ; les murailles des bas-côtés ont été refaites en moellons avec fenêtres carrées. Dans le bas-côté du nord, au milieu des pavés ordinaires se trouvaient encore tout récemment d'autres pavés émaillés en armoiries, damiers, animaux, etc., tous du XVᵉ siècle. On les a fait disparaître dans la réfection du dallage.

Les stalles sont du XIVᵉ siècle avec miséricordes formées de têtes fantastiques, grimaçantes, coiffées de bonnets d'âne ou ornées de feuilles de chêne, de houx dont la tige sort des figures.

La chaire, sculptée, est du XVIIᵉ siècle et provient de la collégiale de Saint-Jean-des-Vignes, de Soissons.

Vieux clocher roman antérieur au XIIᵉ siècle, sur le bas-côté droit, près du transept, portant six fenêtres à plein cintre, dont deux pleines, sur chaque face, formant trois étages, surmontées d'un cordon de billettes et d'une corniche supportant un toit à quatre égouts.

Les baies de la nef, au nombre de quatre de chaque côté, sont à plein cintre, surmontées d'un cordon de billettes qui les unit en les contournant, et d'une corniche ornée d'un cable et soutenue par des mascarons.

Le portail, soutenu par deux contreforts, est percé d'une porte ogivale toute récente et de trois fenêtres du même style. La petite porte du bas-côté de droite est surmontée d'un tympan ogival.

(D'après une publication de la Société archéologique de Soissons), de M. Pécheur.

Il ne reste plus que trois pierres tombales dont les inscriptions ne sont pas lisibles.

On trouve dans l'église deux petits tableaux sur cuivre représentant l'un, l'adoration des mages, l'autre le baptême de Jésus-Christ ; une console Louis XV, deux appliques de salons Louis XVI en bronze et des panneaux sculptés remontant à la même époque que les stalles. Le maître-autel est moderne, mais les trois autres sont en partie du XVIIe siècle. D'importants travaux de consolidation et d'appropriation, dus à l'initiative du conseil de fabrique et à la générosité de quelques personnes de la commune, ont été effectués à l'église pendant l'année 1883.

LES TEMPLIERS.

Une maison de Templiers fut fondée à Oulchy vers le XIIe siècle. Après la ruine de l'ordre par Philippe-le-Bel, la maison fut donnée à l'ordre de Malte. Quelques ruines intéressantes de cet édifice, converti en ferme, existaient encore il y a quelque temps. Elles ont disparu pour faire place à l'école-mairie qui a été élevée sur leur emplacement.

ANCIENNES CHAPELLES.

Une chapelle, dite de *Saint-Nicolas*, existait près du fief de la Grand'Maison. Cette chapelle, à la nomination du prieur d'Oulchy, a probablement été détruite dans le courant du XVIIe siècle.

Une autre, dite chapelle *Saint-Jacques*, se trouvait dans le faubourg du même nom, près de l'entrée du château. Détruite depuis longtemps, elle a été, comme la chapelle Saint-Nicolas, remplacée par un calvaire.

HOSPICE.

Il est écrit dans un ancien registre déposé aux archives de l'hospice « Il paraît qu'il y avait un Hôtel-Dieu à Auchy « dès l'an 1265 ; qu'en 1298, frère Jean, dudit Hôtel-Dieu, « a été témoin dans le testament de M. Gilles d'Oulchy et « d'Isabelle, sa femme, qui ont légué audit Hôtel-Dieu « tous les ornements de leur chapelle, et sont enterrés « dans l'église du prieuré, devant l'autel de Saint-Nicaise ; « qu'en 1461, l'Hôtel-Dieu étant ruiné par les Anglais, le « prieur d'Oulchy, les officiers et habitants dudit lieu « donnèrent au nommé Jean Varlet, à Périote, sa femme « et à leurs enfants, ledit Hôtel-Dieu, qu'ils se sont offert « de rétablir au moyen qu'ils en auraient l'administration « pendant leur vie, à la charge par eux de nourrir les « pauvres et de les solliciter. »

On voit aussi dans ce même registre la déclaration des terres, prés et héritages de l'ancien domaine dudit Hôtel-Dieu en 1461. Plusieurs contrats d'acquisitions faites par des dames religieuses de l'Hôtel-Dieu datent de 1646.

Il existe aussi un contrat d'acquisition daté du 27 août 1653, passé devant Mes Billier et Charpentier, notaires à Château-Thierry, par lequel Jean de la Fontaine, l'immortel fabuliste, vend à M. François Desmazures la ferme d'Oulchy et ses dépendances. Cette ferme et soixante arpents de terre ont été acquis l'année suivante dudit sieur Desmazures par des dames religieuses qui en ont fait don à l'Hôtel-Dieu, suivant acte passé devant Me Fournier, notaire à Oulchy.

De 1653 à 1672, d'autres contrats de profession ont été passés devant Mes Fournier et Petit, successeur, notaires à Oulchy, par Mesdames Marie et Françoise Briffaut, de Maubeuge, Anne Pottier, Marguerite Testard, Louise Breffort, Desmoulins, etc., et contenaient cession et abandon de 40 arpents de terres et prés.

En 1632, l'évêque de Soissons donna des règlements pour l'Hôtel-Dieu, d'après lesquels les malades de la commune, les voyageurs et les soldats devaient être soignés par trois religieuses, et les biens administrés par une commission chargée en même temps de surveiller les religieuses. Ces religieuses recevaient en échange 24 setiers de blé et le bois nécessaire à leur chauffage. Il y avait alors six lits. Une décision du 9 avril 1705 les remplaçait par deux religieuses de Genlis, dont l'une devait soigner les malades et l'autre instruire les jeunes filles pauvres de la paroisse.

Le 9 avril 1705, un décret supprime le monastère d'Oulchy pour être converti et établi en Hôtel-Dieu. Le 30 août 1711, réclamation des habitants d'Oulchy afin de demander le rétablissement de l'Hôtel-Dieu en monastère, comme il était avant le 9 avril 1705. Il n'a pas été fait droit à cette réclamation.

Une ordonnance du sieur de Rieu, du 21 janvier 1666, enjoint au sieur Langerin, commis du grenier à sel de La Ferté-Milon, de délivrer à l'Hôtel-Dieu d'Oulchy deux minots de sel. C'est ce qu'on appelle le *franc-salé*. Il y a eu à cet effet plusieurs sentences, appels, assignations, afin d'obliger l'Hôtel-Dieu à payer les deux minots délivrés.

Il est dit, dans un inventaire de 1762, que les titres de fondation de l'Hôtel-Dieu ont été produits à l'évêque de cette époque, M. Simon Legras; que ces documents n'ont point été retirés et qu'ils sont encore dans les archives de l'évêché.

L'ancien Hôtel-Dieu, dénommé maladrerie et léproserie, existant, comme il est dit ci-dessus, en 1265, était situé *rue des Menses*, ainsi nommée à cause des revenus dont jouissaient en commun et conventuellement les religieux et religieuses à cette époque. Il a été abandonné vers l'an 1755, à cause de la crue des eaux qui envahissaient les sous-sols se trouvant à peu de distance du ru longeant la propriété.

En l'an 1766, un rez-de-chaussée a été construit sur une partie du terrain appartenant à l'Hôtel-Dieu et destiné à remplacer l'ancien établissement. Une école de filles a été construite en même temps; elle sert aujourd'hui d'école maternelle.

En 1842, le bâtiment principal a été élevé d'un étage; il renferme maintenant les chambres des malades, celles des religieuses et la lingerie.

En 1867, deux nouvelles classes ont été construites dans une portion du jardin attenant à l'établissement. Enfin, en 1873, les anciennes classes ont été exhaussées d'un étage, et converties en une école maternelle au rez-de-chaussée.

Le revenu de l'Hôtel-Dieu atteignait ces dernières années le chiffre approximatif de 12,000 francs; il provient des donations qui ont été faites à cet établissement. Le dernier bienfaiteur est M. Tavenot d'Herbot, de Coincy, qui y fonda un lit pour Coincy et Nanteuil-Notre-Dame, par le don de douze mille francs placés sur l'État.

MALADRERIE.

Une maladrerie existait primitivement à Oulchy, près de l'ancienne chapelle Saint-Nicolas. C'est l'origine vraisemblable de l'Hôtel-Dieu. Cette maladrerie possédait 40 arpents de terre sur le terroir d'Oulchy. Ces biens ont été réunis, par arrêt du Conseil d'État du 21 janvier 1695, à l'Hôtel-Dieu de Neuilly-Saint-Front. Les habitants ont protesté contre cette mesure, qui leur semblait arbitraire. Mais tous leurs efforts pour faire rapporter la décision qui les frustrait sont demeurés infructueux. Ils ont cependant pu obtenir, en échange, le droit pour la commune de disposer d'un lit à l'Hôtel-Dieu de Neuilly, droit dont ils ont encore la jouissance.

CIMETIÈRES.

Le cimetière découvert par M. de Chassebras, et dont il a été question précédemment, est supposé provenir de l'ancienne maladrerie, et remonter au XIIe ou au XIIIe siècle. Quant à l'autre, découvert au lieu dit *le Bois d'Ayot*, il daterait du Ve siècle, au dire de M. l'abbé Carlier. Le cimetière actuel est attenant à l'église. Entre autres inscriptions, on en remarque une qui rappelle les titres de la famille Quinquet de Monjour, et les fonctions publiques remplies par plusieurs de ses membres.

La plus ancienne tombe est celle de M. Lefebvre, ancien doyen et conseiller municipal, dont la grande figure est restée longtemps dans les environs, à l'état d'image légendaire, comme symbole de charité et de respect.

Elle porte cette inscription :

« Cy-gist M. Joseph Lefebvre, jadis chanoine régulier
« et procureur général de l'abbaye royale de Saint-Jean-
« des-Vignes, à Soissons, depuis curé de cette paroisse,
« doyen du canton.

« Il fut pendant sa vie d'une vraie piété envers Dieu,
« d'une rare charité pour les pauvres et d'une aménité
« extrême pour tous.

« Son esprit solide et agréable, ses mœurs simples
« et douces, le rendirent cher à ses amis, auxquels il fut

« tout dévoué. Il sera pleuré et jamais assez, par ses
« neveux qu'il chérissait.
« Il mourut âgé de 78 ans, le 2 juillet 1819. »

FONTAINES.

On remarque sur le plan cadastral les lieux dits suivants :
*la fontaine des Fièvres, la fontaine Orgueilleuse, la fontaine
des Menses, la fontaine de Moulières, la fontaine Boutarde.*
Les archives municipales ne donnent aucun détail sur
ces fontaines, dont le nom cependant est caractéristique.
La tradition est également muette sur ce point.

ANCIEN CHATEAU D'OULCHY.

C'est Thibaut Ier, comte palatin de Champagne, qui fit
bâtir au Xe siècle le château d'Oulchy, qui servit de rési-
dence aux vicomtes d'Oulchy. Ceux-ci y fondèrent une
collégiale de chanoines séculiers. L'évêque saint Arnoud,
chassé de sa ville épiscopale de Soissons, se réfugia près
du comte de Champagne qui lui donna le château d'Oulchy, lequel fut ainsi pendant quelque temps le siège de
l'évêché de Soissons. Cette collégiale de chanoines séculiers fut remplacée, vers 1122, par des chanoines régu-
liers de Saint-Jean-des-Vignes, de Soissons.

Un prieuré fut fondé par les comtes de Champagne ;
sous Charles VIII, il fut réduit à un simple prieuré-cure.

Il existait aussi le fief du *donjon* et celui de la *vicomté.*
Les possesseurs de ces fiefs prirent indifféremment le titre
de *Seigneurs du donjon* ou *Seigneurs d'Oulchy*, de sorte
qu'il n'est pas toujours possible de les distinguer d'avec
les vicomtes d'Oulchy.

Le donjon dans un château du moyen âge formait un
fief particulier. Il y avait un chevalier chargé spécialement de sa défense, qui constituait son titre féodal.

Le château et la ville eurent beaucoup à souffrir des guerres entre les Armagnacs et les Bourguignons, et ils furent plusieurs fois pillés et brûlés par les deux partis.

La ruine du château, commencée dès ce moment, fut complète sous Louis XII, puisque ce roi permit aux habitants, en 1498, de réparer leur église avec les matériaux provenant du château. L'église conserva la nef et son clocher roman qui en font un des types les plus intéressants des Xe et XIe siècles.

DOCUMENTS HISTORIQUES QUE PRÉSENTENT LES ARCHIVES.

Les archives sont fort peu riches en documents de cette nature, surtout en ce qui concerne les temps antérieurs à la Révolution. Je transcris ci-dessous les documents qui m'ont paru présenter un caractère historique.

8 mars 1789.

VŒUX ET DOLÉANCES DES HABITANTS D'OULCHY.

Le dimanche 8 mars 1789, les habitants de la commune d'Oulchy, composée alors de 105 feux, s'assemblèrent sous la présidence de M. Quinquet, François, conseiller du roi, juge en cette partie à cause de l'absence de M. le prévôt; ils rédigèrent leur cahier de vœux et doléances qui fut porté à Soissons par les sieurs Guidon et Pottier, nommés à cet effet.

Lesdits habitants demandèrent notamment :

Que les impôts fussent payés par tout le monde, c'est-à-dire par les trois ordres;

Que l'impôt représentatif de la corvée fût également supporté par les trois ordres;

Qu'il fût facultatif de prendre à la gabelle seulement la quantité de sel nécessaire à sa consommation et que son prix fût diminué;

Que les affaires de peu d'importance fussent jugées en dernier ressort par la municipalité de la paroisse ou du bailliage ;

Que les cultivateurs ne puissent avoir de terres pour plus de quatre charrues, afin de perfectionner leur culture, de multiplier leurs bestiaux et d'occuper plus d'ouvriers ;

Que les fermes dépendant de gens de main-morte fussent assimilées aux autres biens-fonds du royaume ;

Qu'il fût permis aux communautés d'acheter pour la milice un homme de bonne volonté, de l'âge et de la taille qui seraient fixés, afin d'empêcher les jeunes gens de contracter des mariages trop prématurés dans la crainte d'être soldats ;

Que la suppression des maisons religieuses ne s'applique qu'aux monastères situés dans l'enceinte des villes, car ceux des campagnes sont dans tous les temps, et principalement dans ceux de disette, une ressource pour les pauvres et les ouvriers sans travail.

ÉTAT DES ARTS, MÉTIERS ET PROFESSIONS EXERCÉS A OULCHY EN 1789.

Arpenteur, 1 ; — armurier, 1 ; — aubergistes, 3 ; — batteurs, 8 ; — cabaretiers, 4 ; — cribleurs, 2 ; — charpentiers, 2 ; — charron, 1 ; — cordonniers, 2, avec 2 compagnons ; — couvreur, 1, avec 2 compagnons ; — concierge de prison, 1 ; — garde-champêtre, 1 ; — gendarmes, 5 ; horloger, 1 ; — huissier, 1 ; — instituteur, 1 ; — marchands de bois, 2 ; — épiciers, 2 ; — jardinier, 1 ; — laboureurs, cultivateurs ou fermiers, 7 ; — lingère, 1 ; — maître de poste aux chevaux, 1 ; — maçon, 1, avec 6 ouvriers ; — maréchaux ferrants, 2, avec 1 ouvrier ; — menuisiers, 2, avec 1 ouvrier ; — notaire, 1 ; — officier de santé, 1 ; — peintre-vitrier 1 ; — perruquiers, 2 ; — sabotier, 1 ; — tisserands, 8 ; — tonnelier, 1 ; — tourneur, 1 ; — vignerons,

4 ; — meunier, 1 ; — tailleurs d'habits, 3 ; — bergers, 6 ; boucher, 1 ; — bourrelier, 1 ; — voiturier, 1 ; — ministres du culte, 2 ; — greffier, 1 ; manouvriers, 40.

28 juillet 1789.

« Le maire et les échevins de la municipalité d'Oulchy, afin de protéger le bourg d'Oulchy et son terroir contre les gens sans aveu qui s'assemblent en beaucoup d'endroits pour détruire les récoltes, et d'empêcher les accidents dont on est menacé, forment une milice bourgeoise composée de quatre compagnies. 80 habitants de bonne volonté répondent à cet appel. Ces miliciens sont entre autres : de Pirlot, Quinquet père, Quinquet fils, Bourguin, Conseil, Pille, Neveux, Chébœuf, chirurgien, Étienne Jeannesson, La Chaussée et Vercollier. »

27 juin 1790.

« L'an 1790, le 27 juin, vers les 9 heures 1/2 du matin, issue de la messe paroissiale, en exécution d'une proclamation du Roy, du 10 du présent mois, et d'un décret de l'assemblée nationale des 8 et 9 courant, et en conséquence d'une lettre adressée par MM. les administrateurs du district de Soissons, le 21 de ce mois, les citoyens actifs des municipalités et paroisses de Billy-sur-Ourcq, d'Oulchy-le-Château, Saint-Rémy-Blanzy, Arcy-Sainte-Restitue, Rozoy-les-Oulchy, le Plessier-Huleux, Oulchy-la-Ville, Cramaille, Beugneux, Breny, Saint-Hilaire-Montgru et Cugny se réunissent dans l'église au nombre de 655.

« L'on décide, en conformité des proclamation et décret, qu'il sera choisi à la pleuralité des voix, 6 hommes par 100, pour se réunir le 4 juillet dans la ville de Soissons, chef-lieu du district, cette réunion choisira, à son tour, dans la totalité des gardes nationales du district, 1 homme par 200, qu'elle chargera de se rendre à Paris, à la fédération de toutes les gardes nationales du royaume, le 14 juillet.

« La paroisse d'Oulchy-le-Château étant composée de 100 citoyens actifs, en a élu 6 qui sont : MM. Chébœuf, Tassin, Pierre-Étienne Jeannesson, Bourguin le jeune, François Belval, et Charles Drivière.

« M. de Pirlot a été nommé commandant général du canton d'Oulchy.

« L'on accepte pour l'habillement provisoirement l'uniforme du district de Soissons, à l'exception des boutons qui seront imprimés : canton d'Oulchy-le-Château, milice nationale, avec 3 fleurs de lis.»

21 juin 1791.

« Les officiers municipaux de Château-Thierry écrivent au sieur Pottier, maire d'Oulchy, pour l'informer qu'il est passé deux aides de camp de M. de La Fayette, afin de se mettre en garde pour se défendre, car le roi, la reine et le dauphin sont partis de Paris.

« Les gardes nationaux du canton s'assemblent, afin de prendre les mesures nécessaires pour se mettre en garde. »

25 septembre 1791.

« Les gardes nationaux se rendent aux vêpres pour chanter un *Te Deum* en mémoire de l'acte constitutionnel signé par Louis XVI; puis ils se rendent sur la place publique pour y allumer un feu de joie. »

20 prairial an VII.

CÉLÉBRATION DE LA FÊTE FUNÈBRE EN L'HONNEUR DES PLÉNIPOTENTIAIRES ASSASSINÉS A RASTADT.

«L'an VII de la République Française, le vingt prairial, l'administration, assemblée au lieu des séances, composée de tous les agents du canton pour la pompe funèbre décrétée en mémoire des plénipotentiaires Robergeot, Bonnier et Jean de Brie, assassinés par les troupes autrichiennes au sortir de Rastadt.

« Tous les fonctionnaires et officiers de la garde nationale portaient un crêpe noir au bras et marchaient avec la gravité et la tristesse que commandait la cérémonie.

« De retour sur la place de la maison commune, on fit un demi cercle devant un autel funéraire couvert de noir, surmonté d'une pyramide marbrée en noir, et veinée de blanc, près de laquelle était une urne blanche veinée de noir.

« Sur le devant de l'autel, on lisait : Aux mânes de Robergeot et Bonnier, vengeance !

« L'autel était ombragé de verdure, et sur les marches se trouvait le président qui fit un discours, où il a peint la noirceur de l'Autriche, dont le trait nouveau de férocité n'a d'exemple dans l'histoire d'aucun peuple.

« Le discours fini, le peuple s'écria trois fois : vengeance ! et l'on se rendit au temple décadaire, où l'on fit la lecture du bulletin des lois, etc. »

1er vendémiaire, an VIII.

SOLENNISATION DE LA FÊTE DE LA RÉPUBLIQUE.

« Tous les membres de l'administration municipale et les autorités civiles et militaires, convoqués par circulaire, se sont réunis à la maison commune pour solenniser la fête de la République.

« L'assemblée et le rappel battus à son de caisse, après préalables décharges d'artillerie, les corps administratifs, sortis du lieu de leurs séances, se rendent sous l'escorte de la garde nationale, précédée de la gendarmerie à cheval, à l'autel de la Concorde, où se fait la proclamation de tous les officiers et commandants de la garde nationale, qui prêtent le serment requis ès-mains du citoyen Bence, ancien commandant provisoire.

« Après un discours de ce dernier et du citoyen président aux installés, le cortège est allé au temple décadaire où l'on a chanté des strophes et des hymnes patriotiques énoncés au programme du Directoire exécutif. Puis le président prononça la formule du serment requis pour ce jour, que tous les membres de l'administration municipale, de la justice, de l'hospice, etc., ont répétée aux cris de: vive la République !

« Après le discours du président sur l'excellence de la fête, le cortège s'est rendu au lieu ordinaire des séances. »

20 vendémiaire an VIII.

FÊTE FUNÈBRE EN L'HONNEUR DU GÉNÉRAL JOUBERT.

« Cejourd'hui, jour pris pour la célébration de la fête funèbre et les derniers honneurs à rendre au général Joubert, mort au lit de la gloire.

« Après retraite battue la veille, ce matin, rappel à son de caisse et cloches, la garde nationale, avec les signes de deuil, avec le drapeau orné de même, s'est assemblée sur la place publique.

« L'administration, composée de ses membres, et accompagnée des fonctionnaires publics, se rendit, escortée de la garde nationale, tambour battant et voilé, au temple décadaire, où était une urne funèbre dressée sur l'autel à cet effet; après lectures ordinaires aux fêtes décadaires, le président annonça la mort du général que la France regrette.

« Il fut prononcé un éloge funèbre du général Joubert, et la cérémonie se termina aux cris de: vive la République ! »

(Archives municipales. — Procès-verbaux des fêtes

décadaires, rédigés par M. Robert, ancien bénédictin, greffier.)

LES ÉCOLES.

Il existe à Oulchy une école primaire laïque spéciale aux garçons, une école primaire congréganiste spéciale aux filles et une école maternelle congréganiste.

L'école de garçons existe de temps immémorial. Elle a été très probablement dirigée à l'origine par des prêtres, puis par des instituteurs laïques.

Le service de l'enseignement subit quelque interruption pendant la Révolution de 1789. Le traitement ne fut pas régulièrement payé à l'instituteur, ainsi que le constate la supplique ci-dessous trouvée dans les archives et transcrite *textuellement*.

« Aux citoyens membres composant l'administration du département de l'Aisne.

« Louis-François Crochart, instituteur des écoles primaires de la commune d'Oulchy-le-Château et voisines,

« Vous expose qu'il a été nommé instituteur pour les
« communes d'Oulchy, Breny, Plessier, Billy et autres,
« en conformité de la loy, qu'il a toujours été exactement
« payé par le receveur du district de Soissons, que
« cependant il s'est présenté pour recevoir le quartier de
« Vendémiaire, on lui a refusé, malgré qu'il a toujours
« fait les écoles sans interruption, ce qui est attesté par
« le certificat ci-joint. N'ayant d'autres ressources et
« étant dans l'indigence, il a recours à vous, citoyens
« administrateurs, pour que son traitement lui soit
« continué conformément à la loy. Il ose espérer que
« vous prendrez son exposé en considération et que vous
« lui ferez justice. »

« A Oulchy-le-Château, du 6 nivôse an IV. »

A partir de 1711, le chapelain de l'Hôtel-Dieu était chargé d'apprendre la langue latine aux jeunes garçons d'Oulchy. Il était logé par l'Hôtel-Dieu et recevait un traitement annuel de 500 livres, spécialement affecté à cet objet.

Des laïques continuèrent, à partir de la Révolution, à diriger l'école des garçons, jusque vers 1857, époque à laquelle ils furent remplacés par des frères. Mais l'essai ne réussit pas et les nouveaux venus durent se retirer et céder la place à un instituteur laïque en 1867. Pour être impartial, nous devons ajouter que ces religieux ne quittèrent pas Oulchy à la demande de la municipalité, mais à celle de leur communauté qui commençait à manquer de sujets et trouvait, avec raison, que le faible traitement de 1100 francs qui leur était accordé, et cela sans jardin, était insuffisant pour leur entretien.

L'école des filles date de 1705. Une sœur de Genlis la dirigeait, et recevait 24 setiers de blé et le bois nécessaire à son chauffage.

Les religieuses furent remplacées en 1793, quelques mois après le décès de la sœur Pinel, supérieure de l'Hôtel-Dieu depuis 49 ans, par une femme Renée Donné, assez légère de mœurs, paraît-il, puis par une dame Levasseur, ancienne religieuse ursuline à Crépy, qui resta jusqu'en 1818, époque à laquelle les sœurs de l'Enfant-Jésus (anciennement de Genlis), reprirent, à la demande des administrateurs, la direction de l'école qu'elles ont encore aujourd'hui.

L'école des garçons, qui ne compte qu'une classe et 45 élèves, était installée dans des conditions fort défectueuses.

Mais ce fâcheux état de choses a cessé depuis une année. L'école, en effet, a été transférée, à partir de la rentrée d'octobre 1884, dans un nouvel immeuble, qui comprend, outre l'Hôtel-de-Ville, une salle de classe très vaste, satisfaisant à toutes les conditions hygiéniques requises, vestiaire, cour de récréation, préau couvert, etc., et logement au premier étage pour l'instituteur.

L'école des filles comprend deux classes et 50 élèves. Elle est installée, de même que l'école maternelle, qui réunit 60 enfants, dans des bâtiments de construction récente faisant partie de l'Hôtel-Dieu.

RENSEIGNEMENTS COMPLÉMENTAIRES SUR L'ÉTAT DE L'INSTRUCTION AVANT 1833.

L'état de l'instruction primaire, avant la Révolution, n'est constaté par aucun document authentique. On sait seulement que, comme il a déjà été dit, à partir de 1711, le chapelain de l'Hôtel-Dieu était chargé d'apprendre la langue latine aux jeunes garçons ; il recevait pour cela un traitement annuel de 500 livres. Cet enseignement s'ajoutait à celui qu'on recevait dans l'école primaire.

Le maître d'école d'alors n'était pas très instruit, si l'on s'en rapporte à une requête adressée par les habitants d'Oulchy à M. de Fitz-James, évêque de Soissons, dans laquelle il est dit ce qui suit:

« Les échevins et habitants d'Oulchy-le-Château ont l'honneur de représenter à votre grandeur qu'il se trouve ordinairement dans leur paroisse, composée de plus de 90 feux, 30 à 40 garçons en âge d'aller à l'école et que François Dassy, clerc du lieu, n'a aucun talent pour les instruire, son incapacité est telle que les chefs de famille sont contraints d'envoyer leurs enfants aux écoles voisines des villages circonvoisins, et qu'une de ses filles, âgée de 18 ans, ne sait pas lire. »

La supplique se termine en demandant « une personne capable non-seulement d'enseigner à lire, à écrire et l'*arithmétique*, mais encore capable de donner les principes de la langue latine. »

Il a été dit, en son lieu, tout ce qui concernait l'école des filles, dirigée par des congréganistes.

Au moment de la Révolution, l'école de garçons était tenue par un sieur Charpentier qui, outre la rétribution payée par les parents, recevait de l'hospice, pour instruire les enfants, un muid de méteil, estimé 200 francs. L'hospice a, depuis, toujours contribué à la formation du traitement de l'instituteur. Ces dernières années encore, une somme de 200 francs était inscrite à son budget pour cet objet.

L'installation matérielle de l'école des garçons était déplorable. En 1820, l'instituteur faisait la classe dans un sous-sol humide, obscur, qui servait de fournil à l'occasion. Les élèves étaient assis sur de mauvais bancs, les pieds sur la terre nue ; la lumière n'arrivait que par une étroite lucarne qui ne donnait qu'un jour incertain et ne permettait aucunement d'aérer la salle. Pas de tables ; les élèves qui écrivaient tenaient leur papier sur une planche clouée sur des pieux. Le mobilier d'enseignement était nul, les procédés mauvais, les livres classiques rares ; encore le maître ne pouvait-il se servir que de ceux qui avaient reçu la sanction de l'autorité ecclésiastique, car on avait fait alors de la religion la base de l'instruction primaire. Aucune initiative n'était permise aux maîtres qui avaient dû au préalable faire la preuve de leur orthodoxie.

Les choses restèrent en cet état jusqu'en 1830.

Le contre-coup de la Révolution de Juillet se fit sentir jusque dans le sein du conseil municipal d'Oulchy. Le maire d'alors, M. Marminia, se faisant l'interprète de l'assemblée communale, demanda à installer l'école des garçons dans les bâtiments inoccupés de l'ancien prieuré. L'autorité ecclésiastique voulut conserver la main haute sur cet immeuble, qui lui servait déjà à loger un petit séminaire, et opposa d'abord une fin de non-recevoir à la demande de l'administration. Mais, devant les instances de M. Marminia, l'évêque de Soissons finit par offrir 2,000 francs à la commune, à la condition qu'on laisserait les bâtiments du *prieuré* à leur ancienne affectation ; ces 2,000 francs devaient servir à construire une école de garçons. Le conseil accepta l'offre qui lui était faite, et fit édifier l'immeuble qui a servi au service scolaire jusqu'en octobre 1884.

La nouvelle école, qui constituait cependant une sorte de luxe pour cette époque, fut installée dans des conditions défectueuses. Elle ne tarda pas à devenir insuffisante. Pendant de longues années, on agita la question de son agrandissement ; mais par suite d'obstacles difficiles à surmonter, on laissa cet état de choses subsister jusqu'en 1880. Une nouvelle assemblée communale n'a pas alors hésité à s'imposer le lourd sacrifice d'une dépense de plus de 60,000 francs, pour doter la commune d'un bel immeuble à l'usage de mairie et d'école de garçons avec ses accessoires.

III

GÉOGRAPHIE ÉCONOMIQUE

ÉTAT DES TERRES, ASSOLEMENT, ENGRAIS,
INSTRUMENTS ARATOIRES.

es terres cultivables sont soumises à l'assolement triennal. La rotation est la suivante : froment, avoine, jachère. Mais la jachère est aujourd'hui presque complètement abandonnée. La troisième année, on cultive une plante industrielle, la betterave surtout, qu'on obtient à l'aide d'une fumure énergique. De cette façon, on rend à la terre plus qu'on ne lui prend et on évite de la laisser improductive pendant une année.

L'engrais le plus généralement employé est le fumier de ferme. Les principaux cultivateurs, cependant, concurremment avec le fumier, emploient le guano et les engrais chimiques.

La charrue usitée est celle dite de *Brabant ;* on voit encore quelques charrues de bois, dites de *France*, mais c'est l'exception. On se sert aussi de la houe à cheval ; de l'extirpateur appelé tricycle, de la herse en bois ou articulée en fer ; du rouleau plein en bois ou articulé en fonte. Le rouleau Crosskill est aussi employé. On sème le blé et les betteraves à l'aide du semoir mécanique, on bine les betteraves et les pommes de terre à la main, ou avec la bineuse à cheval. Le foin des prairies est ramassé avec la gratteuse à cheval ; les moissons sont coupées à la faux, fort rarement à la sape ; les moissonneuses à cheval sont surtout employées pour les récoltes en vert et les avoines. Les récoltes sont battues par des machines à battre mues soit par la vapeur, soit par des chevaux.

CÉRÉALES.

Les céréales sont : le blé rouge et le blé blanc dit *du pays*, le seigle, l'orge (en petite quantité), l'avoine noire et l'avoine blanche, l'avoine de Brie à franges et le méteil.

PRAIRIES NATURELLES.

Les prairies naturelles occupent une étendue superficielle d'environ 4 hectares, tandis que les prairies artificielles s'étendent sur une surface approximative de 100 hectares.

Les bestiaux ne pâturent pas dans les prairies naturelles ; le foin en est récolté pour être consommé à l'état sec.

Après l'enlèvement des récoltes, les terres sont livrées aux troupeaux de moutons, qui y pâturent, ainsi que quelques bêtes à cornes.

ARBRES FRUITIERS.

Le rigoureux hiver de 1879-1880, a fait dans notre localité des ravages considérables parmi les arbres fruitiers. Bien peu ont échappé au désastre ; beaucoup qu'on croyait indemnes, languissent pendant quelque temps et ne tardent pas à périr. Il a fallu faire de nouvelles plantations pour combler les vides des vergers et des jardins.

Les arbres fruitiers cultivés dans la commune sont : le

pommier (fruits à cidre et à couteau), le poirier, le pêcher,
l'abricotier, le prunier, le cerisier, le noyer et le noisetier.
Ces arbres sont cultivés soit à haute tige, soit en espaliers,
ou en contre-espalier. La vigne n'est utilisée que pour la
table. La variété la plus commune est le chasselas de
Fontainebleau.

BETTERAVES.

La culture de la betterave à sucre se fait sur une
assez vaste échelle puisqu'elle occupe environ 50 hectares. Ces racines, qui peuvent produire un rendement
moyen de 30,000 kilogrammes à l'hectare, étaient con-
duites jusqu'aujourd'hui à la râperie de La Croix, dé-
pendante de la sucrerie de Neuilly-Saint-Front. Mais
l'établissement du chemin de fer permet maintenant aux
cultivateurs de les diriger directement sur la sucrerie de
Neuilly. Les cultivateurs conservent une partie de leur
récolte pour la consommation de leurs bestiaux pendant
l'hiver.

AUTRES CULTURES.

Les autres plantes cultivées sur le terroir de la commune, soit pour la consommation de ses habitants, soit
pour celle des animaux, sont : la pomme de terre, la
carotte, le navet, les pois, la vesce, les haricots (en petite
quantité), les fèves, la bisaille, etc.

BIENS COMMUNAUX.

Les biens communaux comprennent 53 ares 40 centiares
de terres et savarts et 23 hectares 56 ares de terrains non
imposables. La commune possédait encore d'autres biens
qui ont été partagés lors de la révolution.

ANIMAUX DOMESTIQUES.

Les chevaux employés dans la commune appartiennent aux races boulonnaise et flamande (chevaux de trait), ou normande (chevaux de luxe); on en comptait récemment 104 au total. Il n'y a pas de mulets ni d'ânes, mais on trouve plusieurs bœufs de travail et quelques taureaux.

Les vaches, au nombre approximatif de 100, servent surtout à la production du lait; elles sont de race flamande. Les bêtes à laine sont plus nombreuses et atteignent environ le chiffre de 2,000.

1500 appartiennent à un éleveur de la commune, M. Conseil, qui possède un établissement remarquable, fondé en 1818 par son grand-père, et dont les produits sont primés dans tous les concours auxquels ils prennent part. M. Conseil a su, par le croisement de plusieurs races, en obtenir une tout exceptionnelle appelée métis-mérinos, dont la chair est meilleure pour la boucherie, et la laine mieux fournie et plus soyeuse. Les 500 autres appartiennent à la race picarde.

On compte quelques chèvres, environ 100 porcs et 40 ruches d'abeilles produisant annuellement une moyenne de 400 kilogrammes de miel et 40 kilogrammes de cire.

ANIMAUX NUISIBLES ET INSECTES UTILES.

Comme animaux nuisibles, il n'y a guère que le lièvre et le lapin, le renard, le blaireau, la fouine, la belette, etc.

Quant aux insectes utiles, l'énumération en serait trop longue. On trouve d'ailleurs à Oulchy tous les insectes utiles de la région soissonnaise.

CHASSE.

Dans le but de créer des revenus à la commune, les

propriétaires et cultivateurs ont abandonné à son profit le droit de chasse sur leurs propriétés. La faculté de chasser sur toute l'étendue du terroir ne s'obtient que par le versement d'une somme annuelle de 50 francs. La caisse municipale reçoit de ce chef 500 ou 600 francs par an.

Le gibier est peu varié ; il se compose de lièvres, de lapins de garenne, de peu ou pas de chevreuils, de perdrix, de cailles, de canards sauvages et autres oiseaux de passage.

SOCIÉTÉS AGRICOLES, AGENCE, COMICES, FOIRES, MARCHÉS.

Il existe à Oulchy une section de la société d'horticulture de Soissons, qui tient ses séances le quatrième jeudi, de deux mois en deux mois. Elle compte, en en exceptant les instituteurs, environ 50 membres titulaires.

Une agence pour la vente des grains est établie à Oulchy et doit se tenir le jeudi de chaque semaine, mais elle ne fonctionne pas depuis nombre d'années.

La fête annuelle du comice agricole de l'arrondissement de Soissons se tient à Oulchy tous les six ans.

Deux foires annuelles sont établies, l'une le 19 juin, l'autre le 11 novembre. Elles amenaient autrefois une affluence considérable d'habitants des communes du canton, mais elles ont perdu leur ancienne splendeur, et ne présentent pas plus d'animation qu'un marché ordinaire.

Un marché hebdomadaire se tient à Oulchy le jeudi de chaque semaine.

CARRIÈRES.

Il n'existe, au lieu dit la Bailliette, qu'une carrière à ciel ouvert où l'on extrait des grès. Mais le banc que l'on exploitait va être épuisé, de sorte que la carrière ne tardera pas à être abandonnée.

Quelques marnières, d'où l'on retire une excellente

marne argileuse, que les cultivateurs font répandre sur leurs terres.

USINES ET MANUFACTURES.

Au dire de personnes dignes de foi, Oulchy possédait autrefois d'importantes fabriques de draps, mais cette industrie a complètement disparu.

Quelques individus seulement étaient employés à la râperie de La Croix. Leur travail avait lieu alternativement de jour et de nuit et durait approximativement du 25 septembre au 10 janvier. Leur salaire variait entre 3 francs et 6 francs par jour. Le reste de l'année ils étaient occupés dans les fermes de la localité ou des environs. La disparition de cette râperie entraîne pour ces ouvriers la suppression de leur emploi. Comme il a été dit plus haut, Oulchy n'était jusqu'à ce jour desservi par aucune ligne ferrée. Mais aujourd'hui le sifflet de la locomotive vient nous avertir que nous sommes sortis de notre isolement.

En effet, Oulchy-le-Château se trouve situé sur la ligne d'Amiens à Dijon, et sur celle projetée de Fismes à Meaux, ligne directe de Reims à Paris. A ce titre, la station d'Oulchy-Breny devra prendre de l'importance. Espérons que ces deux lignes, en facilitant nos relations, vont donner à notre petite cité une vie nouvelle sans lui ôter toutefois les qualités solides qu'elle a su si bien conserver jusqu'à présent.

ANNEXES

PIÈCES JUSTIFICATIVES

CHIRURGIENS ET MÉDECINS

1610 BIGORRE (Jehan).
1631 DASSY (Jean-Petit).
1635 CHARTIER (Jacques).
1672 DAEY (François).
1692 PETIT (Charles) et PETIT (Pierre).

> PETIT (Pierre) quitta Oulchy pour aller à Soissons traiter les pestiférés, il les guérit tous. Les PETIT sont restés attachés ensuite aux princes d'Orléans.

1700 DELABARRE (Michel), fils de DELABARRE (Antoine), notaire et greffier à Cromaille.
1750 DELABARRE (Nicolas),
1760 LHOMME.
1785 CHÉBŒUF.
1792 RASSICOD, SAINT-GERMAIN.
1813 BRATS (Charles-Victor).
1831-1850 QUIGNEAUX (Athanase).
1850-1867 LIETTE (Pierre-Victor-Adolphe).
1867 MANICHON (François-Lucien).

MÉDECINS-VÉTÉRINAIRES.

1818-1856 PACOUT.
1856-1886 BAILLION père.
1886-.... BAILLION fils.

NOTAIRES

L'ancien notariat d'Oulchy a été représenté par :

1320 HENRY, d'Ouchie, écuyer, garde-scel.
1325 TURCHET (Emile) et POTEL (Jehan), tabellions.

Ce dernier a donné son nom à une rue d'Oulchy.

1340 HUET (Martin), clerc tabellion, juré de la prévôté.
1406 GUILLAUME, d'Ouchie - la - Ville, et GAOUL (Guille), établis tabellions par le duc d'Orléans.
1414 à 1474 POTIER (Jehan), garde-scel et clerc tabellion.

L'on possède une minute de lui, provenant de M. Baudoin, de Paris. (Voir *Copie*, page 63.)

1493 FOURNIER (Jean), notaire apostolique.
1501 DE LA BRETÊCHE (Charles), qui rédigea l'acte de fondation de l'hospice par les habitants d'Oulchy, en 1501.
1526 JACQUIER.
1528 THOUART (Jehan) et BOIVIN (Etienne), praticiens.
1583 GAUGER (François).
1600 FOURNIER (Antoine).
1620 FOURNIER le jeune, DEBRIE (Martin), OBLET (François).
1623 CHARTON (Claude), notaire et greffier, DEBRIE (Denis), OBLET (Denis).
1674 BREFFORT (Nicolas).
1696 CHARTON (Gabriel).

L'on possède des minutes de lui à l'étude d'Oulchy.

1694 PETIT (Jean).

Quels furent, sinon les successeurs des notaires classés isolément, du moins les dépositaires de leurs titres ? Il est impossible, entouré de tant de vague, de faire ressusciter en pensée un ordre successif. Un fait digne de remarque, c'est qu'avant 1706 Oulchy comptait trois notaires.

1720 PETIT (Claude).
1730 LAMY (Jean).

Les minutes de ces notaires se trouvent maintenant dans les études de Villers-Cotterêts et de Crépy-en-Valois, et l'on pourrait y puiser de précieux renseignements sur l'histoire locale.

1758 ORLET (Charles-Norbert), ex-échevin d'Oulchy.
1767 (9 février) FRONTIGNY (Nicolas-François).
1773 (18 décembre) QUINQUET (François).
An II (prairial) QUINQUET (Simon), fils du précédent.
1816 MARMINIA (Pierre-Théodore-Casimir).
1817 MARMINIA, fils du précédent.
1831 SALLANDRE (Henri-Etienne).
1866 IZAMBART (Louis-Elie), notaire actuel.

JUSTICE ANCIENNE

Comme il serait trop long d'indiquer ici son étendue, son pouvoir et la compétence de sa juridiction, qui ont varié si souvent depuis des siècles, nous nous bornons à indiquer les noms des principaux membres, savoir :

BRUSLARD (Geoffroy), sénéchal en 1178.
RENUOI (Robert), Sire de CIRY, prévôt en 1320.
DUMONT (Jean), prévôt en 1395.
MICHIELS, prieur et garde-scel en 1340.
GUILLAUME, d'Ouchie-la-Ville, en 1406.
POTIER (Jehan), garde-scel de 1441 à 1474.
COLART, d'Ouchie-la-Ville, lieutenant en 1441.
DE JUVENCHY (Pierre), prévôt en 1441.
OUDART-LE-GAY , lieutenant général en 1469.
RANGUEL (Jacques), lieutenant général en 1564.
DEMAZURE (Francois), conseiller du roi, lieutenant général, enquêteur et examinateur de 1640 à 1687.
ROUSSEAU (François), d'Oulchy, né en 1630, conseiller et procureur de 1660 à 1682.
ROUSSEAU (Jacques), procureur en 1626.
PETIT (Jacques), procureur en 1630.
TEZZIER, greffier en 1680.
LE GUÉRY, greffier en 1685.
CHAMBELLOIN, greffier en 1690.
CHARTEN, notaire et greffier en 1695.
CHARTEN (Claude), conseiller et procureur de l'élection de Soissons en 1696.
LE ROZIER, conseiller et procureur de 1680 à 1693.
CRAPPART DE BOIS-GUICHART, substitut en 1691.
LE MYRE, greffier en 1705.
BOUJOT (Antoine), greffier en 1706.

Une ordonnance de 1706 rend désormais obligatoire un édit de septembre 1703, par lequel Louis XIV transfère le bailliage en chef à Villers-Cotterets, et réduit Oulchy à l'état de prévôté :

Petit (Jean), notaire, conseiller du roi et procureur, décédé en 1720.
Petit (Claude), conseiller, en 1720.
Lamy (Jean), prévôt royal, en 1740.
Ducanne, greffier, en 1750.
Pêcheur, greffier, en 1776.
Quinquet (Nicolas), greffier, en 1770.
Pille (Antoine), greffier de 1780 à 1789, décédé en 1827 à la Grand'-Maison.
Hermelin de Richebourg (Jean-Baptiste), conseiller du roi et du duc d'Orléans, prévôt, juge civil et criminel de 1784 à 1789.

JUSTICE DE PAIX

La justice de paix fut instituée par le décret des 16-24 août 1790, et elle prit dans notre nouvelle organisation judiciaire la place des anciennes juridictions seigneuriales.

Depuis sa création, cette magistrature populaire compte 10 juges de paix et 14 greffiers dont les noms suivent, savoir :

JUGES DE PAIX

Dru (Nicolas-Pierre-Ives), de 1790 à l'an iii.
Huet du Bauchage (Nicolas), ancien chevalier de Saint-Louis, de Grand-Rosoy, an iii.
Bourguin, cultivateur et maître des postes à Oulchy, an vi à 1810.
Picart (Antoine), née à Iche (Vosges), ancien procureur du parlement de Paris, ancien juge de Paix de Coincy, en 1810.
Dumont-Pille (Antoine), de Reims, en 1816.
Quinquet (Simon), ancien procureur au parlement, et notaire à Oulchy, son pays natal, en 1820.
Tallot-Margival (Nicolas-Désiré), en 1831.
Thierry (Joseph-Charles), de Villeneuve-sur-Fère, en 1841.
Brayer (Jules), de Soissons, en 1848.
Belval (François-Constant), d'Oulchy, en 1858.

GREFFIERS

MIRET (Laurent), notaire et arpenteur à Hartennes, nommé le 7 novembre 1790.

PILLE (Jean-Antoine), de Grand-Rozoy, nommé le 18 fructidor an V.

LEMOINE (Charlemagne), ancien huissier à Oulchy, nommé le 29 brumaire an VI.

BENCE (Louis-Nicolas), receveur de l'enregistrement à Oulchy, nommé le 13 nivôse an VII.

ROBERT (Pierre-François), de Dormans, ancien bénédictin de Saint-Maur à Saint-Denis, puis curé de Vasseny, secrétaire de la municipalité d'Oulchy et en dernier lieu curé d'Arcy-Sainte-Restitue, où il est décédé en 1821.

> Il a laissé de nombreux mémoires, non-seulement sur notre histoire locale, mais aussi sur divers sujets d'économie agricole et domestique.
>
> Les nombreux écrits sortis de sa plume féconde, bien que souvent gâtés par les écarts d'une imagination trop ardente, n'en sont pas moins très intéressants et méritent, ainsi que le nom de leur auteur, d'être conservés dans le souvenir des hommes qui s'occupent de l'histoire de leur pays. (Voir sa notice biographique par M. Piette, de Soissons).

DELIÈGE (Claude), ex-grand vicaire de M. Marolles, évêque assermenté de Soissons, nommé le 1er nivôse an X.

BRAT (Charles-Victor), ancien officier de santé à Oulchy, nommé par Napoléon Ier, le 30 décembre 1813.

TALLOT-MARGIVAL, nommé par Louis XVIII, le 6 février 1815.

BAUDOIN (Charles-Amand), ancien huissier à Oulchy, nommé le 10 janvier 1832, par Louis-Philippe Ier.

BELVAL (François-Constant), d'Oulchy, nommé par Louis-Philippe, le 23 juin 1845.

GALLAND (Jean-Baptiste-Antoine), de Muret-et-Crouttes, nommé par Napoléon III, le 1er octobre 1858.

DUMESNIL (Léon), d'Oulchy, nommé le 17 février 1865, en remplacement de M. Galland, décédé.

DELABEAUVE (Alexandre-Félix), de La Ferté-Milon, nommé le 16 mars 1867.

JEANNESSON (Louis-Constant-Delphin), d'Oulchy, nommé par le maréchal de Mac-Mahon, président de la République, le 17 avril 1874.

PRIEURS.

1589-1600 ZAMET (Horace), prieur.
1600-1632 ANTHOINE.

1632-1664   DE LA HAYE (Anthoine).
1664-1673   DE PÉRIGAUT (Gabriel).
1673-1700   LE VASSEUR (François).
1700-1713   DE LA NOUE (Henri).
1713-1745   GÉNÉE (François).
1745-1774   MULET (Gilles-Adrien).
1774-1786   BAUDOIN.
1786-1802   FLAMAND (Louis).

CURÉS-DOYENS.

1802-1819   LEFEBVRE (Joseph).
1819-1844   HURILLON (Joseph-Théodore).
1814-1857   MARTIN (Jean-François).
1857-1860   BEAUBOUCHEZ (Jean-Baptiste).
1860-1871   LEFEBVRE (Paraclet).
1871-1879   LÉMEREZ (Théodule).
1879-....   GUILLIOT (Louis-François).

(Renseignements puisés dans les registres de la paroisse d'Oulchy-le-Château.)

ADMINISTRATION ANCIENNE ET ACTUELLE

D'après l'ancienne législation, il y avait dans les villes et bourgs, des maires, des échevins, des conseillers, des notables et autres officiers, ainsi qu'un syndic ou procureur, nommé, dont l'élection par les habitants dans une assemblée générale était confirmée par l'Intendant.

Depuis, sous le consulat, il fût établi un maire, ayant un ou deux adjoints pour le remplacer en cas d'absence ou autre empêchement, et un conseil municipal composé de 12 membres pour toutes les communes inférieures à 2,500 habitants.

Voici la liste des principaux membres de l'administration municipale :

PETIT (Jean), maire perpétuel et subdélégué de l'intendant de Soissons, de 1692 à 1720.
PETIT (Claude) et LAMY (Jean), maires de 1720 à 1757.

QUINQUET (François), maire de 1757 à 1790.
BAUDOIN, maire en novembre 1790.
VERCOLLIER, syndic en 1790.
LACHAUSSÉE, maire le 13 mars 1791.
POTTIER, maire le 29 avril 1792.
GANNERY, maire en l'an III.
VIET, procureur, syndic en 1791.
QUINQUET (Simon), président du canton en 1796, et maire jusqu'en 1813.
CONSEIL, adjoint en l'an II.
PILLE, maire de 1813 à 1815.
BRAT, adjoint en 1815.
QUINQUET (Simon), maire du 28 octobre 1815 à 1821.
MARMINIA, notaire, adjoint, le 20 janvier 1818.
BILLIEUX DE SAINT-GERMAIN, adjoint en 1820.
DUVAL (Amand-Fidèle), maire le 5 avril 1821.
JEANNESSON (Louis-Denys), adjoint, même jour.
CONSEIL (Prosper), adjoint en 1826.
MARMINIA (père), maire de 1832 à 1848.
BREFFORT (Jean-Baptiste), adjoint en 1832.
QUIGNIAUX (Jean-Baptiste-Athanase), adjoint en 1846.
QUINQUET (Henri-Simon), maire le 8 septembre 1848 à 1880.
GARDET (Antoine-Parfait), adjoint de 1848 à 1865.
GARDET (Léon), adjoint en 1865.
MÉREAUX (Henri-Julien), adjoint le 4 septembre 1871.
IZAMBART (Louis-Elie), maire en 1880.
MANICHON (François-Lucien), adjoint en 1880.

SECRÉTAIRES DE LA MAIRIE

18..-1868   BERTIN (père).
1868-....   BERTIN (fils).

COPIE

de la minute du certificat d'exécution, en la justice d'Ouchie, de Regnaut le Preudomme.

(30 juin 1444.)

Pardevant nous Jehan Pottier, clerc, garde de par monseigneur le duc d'Orliens et de Valois des seaulz aux obligacions de la prevosté d'Ouchie le Chastel, et Symon de Chancouvin, jurez d'icellui seigneur en icelle prevosté, comparut personnellement noble homme Pierre de Juvenchy, prevost dudit Ouchie, lequel recongnut de son bon gré que honnorable homme et sage Jehan de Vaucorbuel, recepveur de mon dit seigneur ou bailliage de Valois et terres adjoinctes par vertu des lettres de tauxacion données de noble et puissant seigneur monseigneur Rigault de Fontaines, chevalier, gouverneur et bailli de Valois, données en datte l'an mil quatre cens quarante-trois, le huitiesme jour d'octobre, à la marge desquelles ces presentes sont attachéez soubz l'un de noz seaulx et pour les causes contenues es dictes lettres de tauxacion, a tenu et tient quitte et paisible de la somme de six livres deux solz parisis. Et icelle somme lui a icellui recepveur desduite et rabatue sur le terme des vint jours après Noel derrain passez de la somme que icellui prevost povoit devoir à mon dit seigneur pour le dit terme à cause de la ferme de la dicte prevosté. Avecques ce certiffia et afferma icellui prevost en sa vérité et conscience que Regnaut le Preudomme, exécuté à la justice d'Ouchie pour ses demerites par la sentence du dit prevost dont es dictes lettres de tauxacion est faicte mencion à l'eure et au jour qui lui fu baillié pour le justicier n'avoit aucuns biens meubles ne heritages en la terre, seignorie et haulte justice de mon dit seigneur qu'ils soient venus à la congnoissance de lui ne d'autres gens de mon dit seigneur au dit Ouchie, combien que de ce à ce jour et depuis ait fait enqueste et informacion par quoy mon dit seigneur en ce n'a eu ne a aucun prouffit. Desquelles choses Colart d'Ouchie la Ville, lieutenant au dit Ouchie du dit recepveur, nous a requis lettres et nous lui avons accordé ces presentes pour valoir au dit recepveur en la reddicion de ses comptes ce que raison donra, lesquellez nous avons signées de nos seings manuelz. Ce fu fait au dit Ouchie le dernier jour de juing l'an mil quatre cens quarante-quatre.

DE CHANCOUVIN.

Signé :

POTIER.

Paris. — Imprimerie L. BAUDOIN et Cⁱᵉ, 2, rue Christine.

La présente Notice est en vente

au prix de 1 fr. 25

chez M. DUJON, à Oulchy-le-Château.